КАК РОДИЛСЯ ПЕТЕРБУРГ

HOW PETERSBURG WAS BORN

Рисовал
Андрей Тронь

Авторы текста и сценария
Виктор Фролов и Олег Яковлев

«Лики России», «Синяя Пчела»
Санкт-Петербург 1995

ПОЧТИ ТРИ СТОЛЕТИЯ СТОИТ ПЕТЕРБУРГ НА БЕРЕГАХ НЕВЫ. ОН
ВОЗНИК НА ДРЕВНЕМ ТОРГОВОМ ПУТИ, ВЕКАМИ СВЯЗЫВАВШЕМ
НАРОДЫ ВОСТОКА И ЗАПАДА.
СОГЛАСНО ЛЕГЕНДЕ, ЕЩЕ В I ВЕКЕ НАШЕЙ ЭРЫ ПО ЭТОМУ ПУТИ ОТ
БЕРЕГОВ ЧЕРНОГО МОРЯ НА СЕВЕР ЕВРОПЫ ПРОПЛЫЛ АПОСТОЛ
АНДРЕЙ ПЕРВОЗВАННЫЙ.
ИЗВЕСТНО, ЧТО ПОЛТОРЫ ТЫСЯЧИ ЛЕТ ТОМУ НАЗАД БЕРЕГА
ФИНСКОГО ЗАЛИВА, НЕВЫ, ВОЛХОВА НАСЕЛЯЛИ РАЗЛИЧНЫЕ ПЛЕМЕНА:
ВОДЬ, ИЖОРА, КОРЕЛА.
ПОЗЖЕ, В СЕРЕДИНЕ VIII ВЕКА, НА ЭТИ ЗЕМЛИ ПРИШЛИ СЛАВЯНЕ. С ИХ
МИРНЫМ РАССЕЛЕНИЕМ СРЕДИ МЕСТНЫХ ПЛЕМЕН НАЧАЛАСЬ НОВАЯ
СТРАНИЦА ИСТОРИИ ПРИНЕВСКОГО КРАЯ...

It is for almost three hundred of years that Saint-Petersburg stands on the banks
of the Neva river.
It was founded along the ancient trade water-way for centuries connecting peoples
of East and West.
According to the legend it was in the I-st A.D. century already that apostle
Andrew the First Called went along this water-way from the Black sea coast to
the North of Europe.
It is well known that thousand and a half years ago the banks of the Finland Gulf,
Neva, Volkhov were inhabited by different tribes: Vod' , Izhora. Korela.
Later on in the middle of the VIII century Slav tribes came to these lands.
Their peaceful settlement among the native tribes opened a new page in the
history of the Neva area...

В IX В. ПРИНЕВСКИЕ ЗЕМЛИ ВОШЛИ В СОСТАВ ДРЕВНЕРУССКОГО ГОСУДАРСТВА.

In the IX-th century the Neva lands were joined to the Ancient Russian State.

ПОСЛЕ ЕГО РАСПАДА В XII В. ОНИ СТАЛИ ВЛАДЕНИЯМИ БОГАТОЙ НОВГОРОДСКОЙ ФЕОДАЛЬНОЙ РЕСПУБЛИКИ.

After its desintegration in the XII-th century they were in the possession of a rich Novgorod Feudal Republic.

ПО НЕВЕ И ВОЛХОВУ НОВГОРОД ПОДДЕРЖИВАЛ ОБШИРНЫЕ СВЯЗИ С ДАНИЕЙ, ШВЕЦИЕЙ, ЛИВОНСКИМ ОРДЕНОМ, ГАНЗОЙ — СОЮЗОМ ГОРОДОВ СЕВЕРНОЙ ГЕРМАНИИ.

Through Neva and Volhov Novgorod had vast connections with Danemark, Sweden, Livonian Order, Gansa — the league of North German towns.

В XII – XIII ВВ. УСТЬЕ НЕВЫ СТАЛО МЕСТОМ ПРИБРЕЖНОЙ ТОРГОВЛИ И ОТДЫХА КУПЦОВ.

In the XII – XIII centuries the Neva mouth became a place for coastal trade and merchant rest.

МЕСТНЫЕ ЖИТЕЛИ-ИЖОРЦЫ ИМЕЛИ ОТ ЭТОЙ ТОРГОВЛИ БОЛЬШИЕ ВЫГОДЫ.

Local Izhora inhabitants profited greatly from this trade.

ОНИ ПЕРЕВОЗИЛИ ПО НЕВЕ И ЛАДОГЕ ТОВАРЫ, СЛУЖИЛИ ЛОЦМАНАМИ.

They carried goods along the Neva and Ladoga Lake, served as pilots.

НО НЕ ТОЛЬКО КУПЦОВ ПРИВЛЕКАЛ ДРЕВНИЙ ТОРГОВЫЙ ПУТЬ...
С XIII В. НАЧАЛАСЬ ДЛИТЕЛЬНАЯ БОРЬБА РУСИ С ЗАВОЕВАТЕЛЯМИ ЗА СОХРАНЕНИЕ ПРИНЕВСКИХ ЗЕМЕЛЬ.

But it was not only merchants who were attracted by the ancient trade water-way...
From the XIII-th century a long-lasting fight of Russia against conquerers for preservation of the Neva lands began.

В 1221 Г. НЕМЕЦКИЕ РЫЦАРИ-КРЕСТОНОСЦЫ, ВНЕЗАПНО НАПАВ, ОПУСТОШИЛИ ИЖОРСКУЮ ЗЕМЛЮ.

In 1221 German knights-crusaders having attacked suddenly devastated the Izhora land.

ПОХОД ШВЕДСКИХ КРЕСТОНОСЦЕВ В 1240 Г. БЫЛ СОРВАН...
НА БЕРЕГАХ НЕВЫ ОНИ БЫЛИ РАЗГРОМЛЕНЫ 15 ИЮЛЯ КНЯЗЕМ АЛЕКСАНДРОМ НЕВСКИМ.

The campaign of Swedish crusaders in 1240 was broken down... They were defeated on the Neva banks on July 15 by the prince Alexander Nevsky.

ЧЕРЕЗ 60 ЛЕТ ШВЕДЫ РЕШИЛИ ЗАХВАТИТЬ УСТЬЕ НЕВЫ И ЗАКРЫТЬ РУСИ ВЫХОД К МОРЮ.

60 years later Swedes decided to capture the Neva mouth and thus to block for Russia the access to the sea.

В 1300 Г. ШВЕДСКИЙ ОТРЯД ТОРКЕЛЯ КНУТСОНА ВЫСАДИЛСЯ В МЕСТЕ ВПАДЕНИЯ ОХТЫ В НЕВУ.

In 1300 the Swedish detachment of Torkel Knutson landed at the place where the Okhta river falls into the Neva.

РУКОВОДИЛ СТРОИТЕЛЬСТВОМ КРЕПОСТИ ИТАЛЬЯНСКИЙ АРХИТЕКТОР. ЕГО ПРИСЛАЛ РИМСКИЙ ПАПА БОНИФАЦИЙ VIII.

The Italian architect supervised the construction of the fortress.
He was sent by the Roman Pope Bonifacio VIII.

СВОИМИ СИЛАМИ НОВГОРОДЦЫ ТОГДА НЕ СМОГЛИ РАЗГРОМИТЬ И ИЗГНАТЬ ЗАХВАТЧИКОВ.

Novgorodians were not able to rout and drive out invaders by themselves.

НА ПОМОЩЬ ИМ ПРИШЕЛ ВЕЛИКИЙ КНЯЗЬ АНДРЕЙ – СЫН АЛЕКСАНДРА НЕВСКОГО.

The Great Duke Andrew, the son of Alexander Nevsky, came to help them.

18 МАЯ 1301 Г. РУССКИЕ ПОЛКИ ВЗЯЛИ ПРИСТУПОМ ЛАНДСКРОНУ И РАЗРУШИЛИ ЕЕ ДО ОСНОВАНИЯ.

On the 18-th of May 1301 the Russian detachments took by assault Landcrown and destroyed it.

НЕ СУМЕВ ЗАКРЕПИТЬСЯ НА БЕРЕГАХ НЕВЫ, ШВЕДЫ СТАЛИ НАПАДАТЬ НА КОРАБЛИ КУПЦОВ В ЕЕ УСТЬЕ.

Been not able to consolidate their position on the Neva banks the Swedes began to attack the merchant ships in its mouth.

ПОСТОЯННАЯ ОПАСНОСТЬ ОГРАБЛЕНИЯ ПРЕРВАЛА В НАЧАЛЕ XIV В. ПЛАВАНИЕ ПО НЕВЕ.

At the beginning of the XIV century the constant danger of robbery stopped sailing along the Neva.

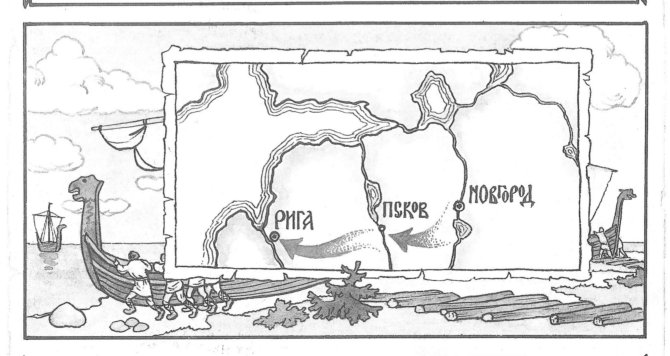

ПОТОК РУССКИХ ТОВАРОВ В ЗАПАДНУЮ ЕВРОПУ ПОШЕЛ ДЛИННЫМ И ТРУДНЫМ ПУТЕМ.

The stream of Russian goods went to the Western Europe by long and difficult way.

НОВГОРОДЦЫ СТРЕМИЛИСЬ ЗАЩИТИТЬ СВОИ ЗЕМЛИ И ТОРГОВЫЙ ПУТЬ В ЗАПАДНУЮ ЕВРОПУ ПО НЕВЕ.

Novgorodians tried to protect their lands and trade water-way to the Western Europe along the Neva.

К 1323 Г. ОНИ ПОСТРОИЛИ В ИСТОКЕ НЕВЫ НА ОСТРОВЕ ОРЕХОВОМ КРЕПОСТЬ ОРЕШЕК.

By 1323 on the Orekhov (Nut) Island they have constructed in the Neva source the fortress Oreshek (Nut).

В ТОМ ЖЕ ГОДУ У СТЕН ЭТОЙ КРЕПОСТИ БЫЛ ВПЕРВЫЕ ЗАКЛЮЧЕН ДОГОВОР О „ВЕЧНОМ МИРЕ" МЕЖДУ НОВГОРОДОМ И ШВЕЦИЕЙ. СНОВА ПО НЕВЕ БЕЗ ОПАСКИ ПОПЛЫЛИ КУПЦЫ ИЗ РАЗНЫХ СТРАН.

In the same year near the walls of this fortress the treaty for "eternal peace" between Novgorod and Sweden was signed. Again merchants from different countries began to sail along the Neva without any fear.

НО МИР НА БЕРЕГАХ НЕВЫ ОКАЗАЛСЯ НЕ „ВЕЧНЫМ"...
В 1348 Г. НАЧАЛСЯ НОВЫЙ КРЕСТОВЫЙ ПОХОД НА РУССКИЕ ЗЕМЛИ.

But the peace on the Neva banks turned out not to be "eternal"...
In 1348 the new crusaders campaign to the Russian lands began.

ВОЙСКО ШВЕДСКОГО КОРОЛЯ МАГНУСА ЭРИКСОНА ВЫСАДИЛОСЬ НА БЕРЕГАХ НЕВЫ И ЗАХВАТИЛО ОРЕШЕК.

The army of the Swedish King Magnus Erikson landed on the Neva banks and captured Oreshek.

УПОРНОЕ СОПРОТИВЛЕНИЕ НОВГОРОДЦЕВ ЗАСТАВИЛО КОРОЛЯ МАГНУСА ПРЕКРАТИТЬ ПОХОД И ВЕРНУТЬСЯ В ШВЕЦИЮ.

The stubborn Novgorodian resistance made the King Magnus to stop his campaign and return to Sweden.

НЕСМОТРЯ НА ПОСТОЯННЫЕ ВТОРЖЕНИЯ И РАЗОРЕНИЕ, БЕРЕГА НЕВЫ ПОСТЕПЕННО ОБЖИВАЛИСЬ РУССКИМИ ЛЮДЬМИ.

Despite the constant invasions and devastation the banks of the Neva river were gradually inhabited by Russian people.

С ПРИСОЕДИНЕНИЕМ НОВГОРОДА К МОСКОВСКОМУ ГОСУДАРСТВУ В 1478 Г. ПРИНЕВСКИЕ ЗЕМЛИ ВОШЛИ В ЕГО СОСТАВ.

After Novgorod joining the Moscow state in 1478 the Neva lands entered its composition.

ТОГДА ЖЕ ЗЕМЛИ НОВГОРОДСКОГО ПОСАДНИКА ТИМОФЕЯ ГРУЗОВА СТАЛИ ВЛАДЕНИЯМИ МОСКОВСКИХ ПОМЕЩИКОВ КНЯЗЕЙ ИВАНА ОДИНЦА И ИВАНА РОСТОВСКОГО.

At the same time the lands of Novgorod posadnik Timofei Gruzov became the possession of the Moscow landowners princes Ivan Odinets and Ivan Rostovsky.

В НАЧАЛЕ XVI В. ПОСЕЛЕНИЯ В УСТЬЕ ОХТЫ СТАЛИ ИМЕНОВАТЬСЯ НЕВСКИМ УСТЬЕМ. ШВЕДЫ ЖЕ НАЗЫВАЛИ ИХ ГОРОД „НИЕН" — „НЕВСКИЙ".

At the beginning of the XVI-th century settlements situated in the Okhta mouth were named Nevskoe Ustie. As for the Swedes they called them the town of "Nien" — "Nevsky".

НЕВСКОЕ УСТЬЕ ПРЕВРАТИЛОСЬ В ВАЖНЫЙ ТОРГОВЫЙ ЦЕНТР ПРИНЕВСКОГО КРАЯ.

Nevskoe Ustie became an important trade center of the Neva area.

ОДНАКО В 1521 Г. ОН БЫЛ РАЗГРАБЛЕН И УНИЧТОЖЕН МОРСКИМИ РАЗБОЙНИКАМИ.

However in 1521 it was robbed and destroyed by pirates.

ВСКОРЕ ЖИЗНЬ В НЕВСКОМ УСТЬЕ ВНОВЬ ВОЗРОДИЛАСЬ.
Soon Nevskoe Ustie revived.

ЧЕРЕЗ НЕГО РУССКИЕ ВЫВОЗИЛИ В ЕВРОПУ РОЖЬ, ПЕНЬКУ, ЛЕН И ДРУГИЕ ТОВАРЫ.
Through it Russians exported rye, hemp, flax and other goods to Europe.

В НЕВСКОМ УСТЬЕ ПОСТОЯННО ТОРГОВАЛИ КУПЦЫ ИЗ СТРАН СЕВЕРНОЙ ЕВРОПЫ.
Merchants from the North Europian countries constantly carried on trade in Nevskoe Ustie.

В КОНЦЕ ПРАВЛЕНИЯ ЦАРЯ ИВАНА ГРОЗНОГО ПРИНЕВСКИЙ КРАЙ ОПЯТЬ ПРИШЕЛ В ЗАПУСТЕНИЕ.

At the end of Ivan the Terrible reign the Neva area came to desolation again.

НЕ РАЗ ЭТИ МЕСТА РАЗОРЯЛИСЬ ШВЕДСКИМИ ВОЙСКАМИ В ХОДЕ ЛИВОНСКОЙ ВОЙНЫ 1558 — 1583 ГГ.

Not once these areas were brought to ruin by the Swedish troops during Livonian War of 1558-1583.

НЕ МИНОВАЛ БЕРЕГА НЕВЫ И ОПРИЧНЫЙ ТЕРРОР, ОБРУШЕННЫЙ ИВАНОМ ГРОЗНЫМ НА НОВГОРОД В 1570 Г.

Oprichnina terror, brought down to Novgorod by Ivan the Terrible in 1570, did not go aside of the Neva banks.

ПОСЛЕДУЮЩЕЕ ВОЗРОЖДЕНИЕ КРАЯ БЫЛО ПРЕРВАНО В НАЧАЛЕ XVII В.
ВНУТРЕННИМИ СМУТАМИ И НОВЫМИ ВОЙНАМИ С ПОЛЬШЕЙ И ШВЕЦИЕЙ.

At the beginning of the XVII-th century the revival of the area was stopped by internal riots and new wars with Poland and Sweden.

ЗАХВАТИВ БЕРЕГА НЕВЫ, В 1611 Г. ШВЕДСКИЙ ПОЛКОВОДЕЦ ДЕЛАГАРДИ ПОСТРОИЛ НА ОХТЕНСКОМ МЫСУ ОКОЛО НЕВСКОГО УСТЬЯ КРЕПОСТЬ НИЕНШАНЦ.

In 1611, having captured the Neva banks. the Swedish general Delagardy built the fortress Nienschanz on the Okhtensky cape near Nevskoe Ustie.

„Ваше величество! Выгодный нам мир заключен!"
"Your Majesty! Peace advantageous for us has been signed !"

„Наконец-то у России отнято море!"
"Russia is deprivid of sea at last!"

ЧЕРЕЗ НЕСКОЛЬКО ЛЕТ, ПО СТОЛБОВСКОМУ МИРУ СО ШВЕЦИЕЙ В 1617 Г.
ИЖОРСКАЯ ЗЕМЛЯ БЫЛА ОТТОРГНУТА ОТ РОССИИ.
Several years later due to Stolbov peace treaty, signed with Sweden in 1617, the Izhora land were torn away from Russia.

МНОГИЕ ЖИТЕЛИ ИЖОРСКОЙ ЗЕМЛИ УШЛИ В ПРЕДЕЛЫ МОСКОВСКОГО
ГОСУДАРСТВА.
НА ОПУСТЕВШИЕ ЗЕМЛИ ШВЕДСКИЕ ВЛАСТИ ПОСЕЛЯЛИ ФИНСКИХ КРЕСТЬЯН.

Many inhabitants of the Izhora land left for the territory of the Moscow state.
Finnish peasants were settled on the deserted lands by the Swedish authorities.

ОТНЫНЕ ПРИНЕВСКИЕ ЗЕМЛИ ШВЕДЫ СТАЛИ ИМЕНОВАТЬ ИНГЕРМАНЛАНДИЕЙ,
А ОРЕШЕК – НОТЕБУРГОМ (КРЕПОСТЬ ОРЕХ).

From that time on the Neva lands were called by Swedes as Ingermanland, and Oreshek
as Noteburg (the fortress Orekh (Nut).

В 1632 Г. НА МЕСТЕ НЕВСКОГО УСТЬЯ НАПРОТИВ НИЕНШАНЦА ШВЕДЫ СТАЛИ
СТРОИТЬ ТОРГОВЫЙ ГОРОД НИЕН.

In 1632 at the place of Nevskoe Ustie just opposite Nienschanz Swedes began to build
the trade town Nien.

РОССИЯ НЕ МОГЛА ПРИМИРИТЬСЯ С ПОТЕРЕЙ ИЖОРСКОЙ ЗЕМЛИ...
В 1656 – 1658 ГГ. ОНА СНОВА ВЕЛА ВОЙНУ СО ШВЕЦИЕЙ ЗА ВЫХОД К БЕРЕГАМ
БАЛТИЙСКОГО МОРЯ.

Russia could not reconcile with the loss of the Izhora land...
In 1656-1658 it was again at war with Sweden for the exit to the shores of the Baltic Sea.

ЦАРЬ АЛЕКСЕЙ МИХАЙЛОВИЧ ПОРУЧИЛ ВОЕВОДЕ ПЕТРУ ПОТЕМКИНУ
ОСВОБОДИТЬ БЕРЕГА НЕВЫ.

The tsar Alexey Mikhailovich entrusted the voivoda Potemkin to free the Neva banks.

ЕГО ВОЙСКО В ИЮНЕ 1656 Г. ЗАНЯЛО НИЕНШАНЦ И У ОСТРОВА КОТЛИН НАНЕСЛО
ПОРАЖЕНИЕ ШВЕДАМ.
НО ТОГДА РОССИИ ВЕРНУТЬ ИЖОРСКУЮ ЗЕМЛЮ НЕ УДАЛОСЬ.

In June 1656 his army took Nienschanz and defeated Swedes near the island of Kotlin.
But at that time Russia was not able to take back the Izhora lands.

ПРИ ШВЕДСКОМ ВЛАДЫЧЕСТВЕ К КОНЦУ XVII В. НИЕН СТАЛ КРУПНЫМ ТОРГОВЫМ ЦЕНТРОМ НА БАЛТИКЕ.

By the end of the XVII-th century under the Sweden reign Nien became a large trade center on the Baltic coast.

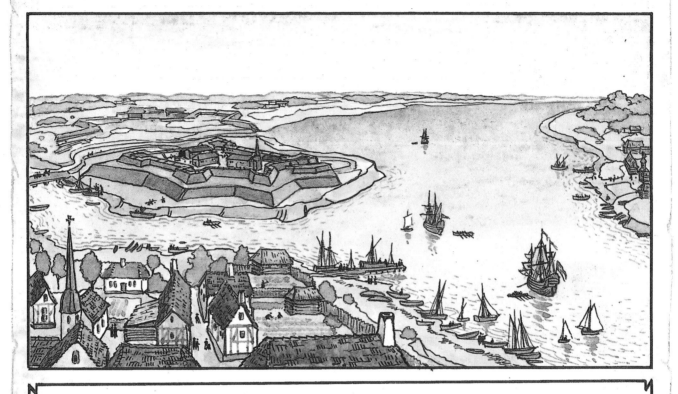

В НЕГО ЕЖЕГОДНО ПРИХОДИЛО БОЛЕЕ 100 КУПЕЧЕСКИХ СУДОВ ИЗ РОССИИ И ЗАПАДНОЙ ЕВРОПЫ.

More than 100 merchant ships sailed up there annually from Russia and Western Europe.

НА ВЕРФИ НИЕНА СТРОИЛИСЬ МОРСКИЕ И РЕЧНЫЕ СУДА.

In Nien dockyard sea and river ships were been built.

РУССКИМ КУПЦАМ РАЗРЕШАЛОСЬ ЖИТЬ И ТОРГОВАТЬ В НИЕНЕ, НО ПРАВА ИХ БЫЛИ ОГРАНИЧЕНЫ...

Russian merchants were allowed to live and trade in Nien, but their rights were limited...

НЕ РАЗ ПОСОЛЬСКИЙ ПРИКАЗ РОССИИ ПРОТЕСТОВАЛ ПРОТИВ ПРОИЗВОЛА ВЛАСТЕЙ В НИЕНЕ.

Not but once the Russian Foreign Office protested against Swedish authority tyrany in Nien.

К ТОМУ ЖЕ ПУТЬ В ЗАПАДНУЮ ЕВРОПУ РУССКИМ КУПЦАМ ИЗ НИЕНА БЫЛ ЗАКРЫТ.

Besides, the way to the Western Europe from Nien was closed for Russian merchants.

В 1700 Г. ПЕТР I ВОЗОБНОВИЛ БОРЬБУ ЗА ВЫХОД РОССИИ К БЕРЕГАМ БАЛТИКИ. ОДНАКО НАЧАЛО ВЕЛИКОЙ СЕВЕРНОЙ ВОЙНЫ ДЛЯ СТРАНЫ БЫЛО НЕУДАЧНЫМ...

In 1700 Peter I resumed the struggle for Russia exit to the Baltic shores.
But the beginning of the Great Northern war was not successful...

ШВЕДСКИЙ КОРОЛЬ КАРЛ XII ВНЕЗАПНЫМ УДАРОМ РАЗГРОМИЛ РУССКИЕ ВОЙСКА, ОСАЖДАВШИЕ НАРВУ.

The Swedish King Karl XII had defeated Russian troops besieging Narva by a sudden attack.

НЕ СЧИТАЯ ПЕТРА I СЕРЬЕЗНЫМ ПРОТИВНИКОМ, КАРЛ XII УВЕЛ СВОИ ВОЙСКА В ПОЛЬШУ.

Considering Peter I not to be a strong enemy Karl XII led his troops to Poland.

НО ПЕРВАЯ НЕУДАЧА НЕ ОСЛАБИЛА ВОЛИ И ЭНЕРГИИ РУССКОГО ЦАРЯ...

But the first failure did not weaken the will and energy of the Russian Tsar...

УЖЕ В 1701 Г., ПРОДОЛЖАЯ БОРЬБУ В ПРИБАЛТИКЕ, ПЕТР I НАЧАЛ ПОДГОТОВКУ К ВЗЯТИЮ ШВЕДСКИХ КРЕПОСТЕЙ НА РЕКЕ НЕВЕ.

Already in 1701 continuing his struggle in the Baltic lands Peter I began preparations for conquest of the Swedish fortresses on the Neva.

ЛЕТОМ 1702 Г. РУССКИЙ ОТРЯД ПЕТРА АПРАКСИНА ЗАНЯЛ ШВЕДСКИЕ УКРЕПЛЕНИЯ НА РЕКЕ ТОСНА.

In summer of 1702 the Russian detachment headed by Peter Apraksin captured Swedish fortifications on the river Tosna.

27 АВГУСТА 1702 Г. ОТРЯД ПОЛКОВНИКА ТЫРТОВА АТАКОВАЛ ШВЕДСКУЮ ЭСКАДРУ В ЛАДОЖСКОМ ОЗЕРЕ У ГОРОДА КЕКСГОЛЬМ (НЫНЕ – ПРИОЗЕРСК). ПОТЕРЯВ ПЯТЬ КОРАБЛЕЙ, АДМИРАЛ НУМЕРС УВЕЛ СВОЮ ЭСКАДРУ В ВЫБОРГ.

On the 27-th of August 1702 colonel Tyrtov troop attacked the Swedish squadron in the Ladoga lake near Kegsholm town (now Priozersk). Having lost five ships the Swedish admiral Numers withdrew his squadron to Vyborg.

ЭТИ УСПЕХИ РУССКИХ ВОЙСК ПОЗВОЛИЛИ ФЕЛЬДМАРШАЛУ Б.П.ШЕРЕМЕТЕВУ НАЧАТЬ 1 ОКТЯБРЯ ОСАДУ НОТЕБУРГА.

This success of the Russian troops allowed Field-marshal B.P.Sheremetev to start on the 1-st of October the siege of Noteburg.

11 ОКТЯБРЯ ПОСЛЕ 13-ЧАСОВОГО ШТУРМА КРЕПОСТЬ БЫЛА ВЗЯТА.

On the 11-th of October following 13 hour storm the fortress fell down.

„Зело крепок был „Орех", да мы его разгрызли!"

"The Swedish "Nut" was very hard, but we cracked it successfully!"

В ЧЕСТЬ ВЗЯТИЯ КРЕПОСТИ БЫЛА ВЫБИТА ПАМЯТНАЯ МЕДАЛЬ. САМА ОНА БЫЛА ПЕРЕИМЕНОВАНА В ШЛИССЕЛЬБУРГ — „КЛЮЧ-ГОРОД".

In honour of this fortress capture the memorable medal was made. As for the fortress it was renamed into Schlusselburg — "Key-town".

ВЗЯТИЕ НОТЕБУРГА ОТКРЫЛО ПУТЬ РУССКОЙ АРМИИ К УСТЬЮ НЕВЫ.

By taking Noteburg the Russian army got access to the Neva mouth.

ТЕПЕРЬ ТОЛЬКО НИЕНШАНЦ ЗАКРЫВАЛ РУССКИМ ВОЙСКАМ ВЫХОД К БЕРЕГАМ БАЛТИЙСКОГО МОРЯ.

Now it was only Nienschanz that blocked the Russian army exit to the Baltic shores.

В ОЖИДАНИИ НЕМЕДЛЕННОГО НАПАДЕНИЯ КОМЕНДАНТ КРЕПОСТИ ПРИКАЗАЛ СЖЕЧЬ ГОРОД НИЕН. НАСЕЛЕНИЕ ЕГО БЕЖАЛО В ФИНЛЯНДИЮ.

Waiting for the immediate attack the commandant of the fortress ordered to burn the town. The inhabitants escaped to Finland.

НО ТОЛЬКО ВЕСНОЙ 1703 Г. РУССКАЯ АРМИЯ ДВИНУЛАСЬ К УСТЬЮ НЕВЫ. 25 АПРЕЛЯ ВОЙСКА ШЕРЕМЕТЕВА ОСАДИЛИ НИЕНШАНЦ.

But it was only in spring of 1703 that the Russian army went to the Neva mouth. On the 25-th of April Sheremetev's troops besieged Nienschanz.

НА ДРУГОЙ ДЕНЬ В РУССКИЙ ЛАГЕРЬ ПРИБЫЛ ПЕТР I С ЦАРЕВИЧЕМ АЛЕКСЕЕМ.

The next day Peter I with tsarevich Aleksey arrived to the Russian camp.

28 АПРЕЛЯ ЦАРЬ С СОЛДАТАМИ НА 60 ЛОДКАХ ПРОРВАЛСЯ ПОД ОБСТРЕЛОМ ИЗ КРЕПОСТИ ПО НЕВЕ К ВЗМОРЬЮ.

On the 28-th of April under the fire from the fortress the tsar together with soldiers on 60 boats broke through to the sea along the Neva.

ТАМ, ЧТОБЫ ПРЕДОТВРАТИТЬ ВНЕЗАПНОЕ НАПАДЕНИЕ ШВЕДОВ С МОРЯ, БЫЛИ ПОСТАВЛЕНЫ ДОЗОРЫ.
И В НОЧЬ НА 30 АПРЕЛЯ ЦАРЬ ВЕРНУЛСЯ ПОД НИЕНШАНЦ.

To prevent sudden attacks of Swedes from the sea patrols were set there.
On the night of the 30-th of April the tsar came back to Nienschanz.

К ПОЛУДНЮ 30 АПРЕЛЯ РУССКИЕ ЗАВЕРШИЛИ ОСАДНЫЕ РАБОТЫ.
By noon of the 30-th of April the Russians finished their siege preparations.

ПОСЛЕ ОТКАЗА КОМЕНДАНТА СДАТЬ КРЕПОСТЬ НАЧАЛСЯ ЕЕ ОБСТРЕЛ.
ОН ПРОДОЛЖАЛСЯ ВСЮ НОЧЬ.
When the commandant refused to surrender the firing began.
It continued the whole night.

НА РАССВЕТЕ 1 МАЯ В НИЕНШАНЦЕ ЗАБИЛИ „ШАМАД" – СДАЧУ.
At dawn on the 1-st of May they began to beat "shamad" — surrender in Nienschanz.

НА ДРУГОЙ ДЕНЬ РУССКАЯ АРМИЯ ПРАЗДНОВАЛА ПОБЕДУ.
The next day the Russian army celebrated its victory.

МЕДАЛЬ НА ВЗЯТИЕ НИЕНШАНЦА
The medal for the capture of Nienschanz.

ПОД ГРОМ САЛЮТА ФЕЛЬДМАРШАЛ ШЕРЕМЕТЕВ ПРИНЯЛ ОТ КОМЕНДАНТА КЛЮЧИ ОТ КРЕПОСТИ НИЕНШАНЦ. ОТНЫНЕ ОНА СТАЛА ИМЕНОВАТЬСЯ ШЛОТБУРГ – „ЗАМО́К-ГОРОД".
In a thunder of salutes Field-marshal Sheremetev took the keys to Nienschanz from the commandant. The fortress was renamed into Schlotburg.

„Государь! Девять шведских кораблей появились на взморье!"
"Sire! Nine Swedish ships are seen in the coastal waters!"

ВЕЧЕРОМ ТОГО ЖЕ ДНЯ В РУССКИЙ ЛАГЕРЬ ПРИШЛО ТРЕВОЖНОЕ ИЗВЕСТИЕ.
The same day in the evening alarming news reached the Russian camp.

ВЕСЬ ДЕНЬ 3 МАЯ РУССКИЕ ГОТОВИЛИСЬ ОТРАЗИТЬ НАПАДЕНИЕ ШВЕДСКИХ КОРАБЛЕЙ.

On the 3-d of May the Russians were making preparations to beat off the attack of the Swedish ships.

4 МАЯ ПЕТР I ОСМОТРЕЛ УКРЕПЛЕНИЯ, ПОСТРОЕННЫЕ НА ОСТРОВАХ В УСТЬЕ НЕВЫ.

On the 4-th of May Peter I inspected the fortifications built on the islands in the Neva mouth.

ШВЕДСКИЙ АДМИРАЛ НУМЕРС ЕЩЕ НЕ ЗНАЛ О ПАДЕНИИ НИЕНШАНЦА И 5 МАЯ ЕГО ЭСКАДРА ПОДОШЛА К СЕВЕРНОЙ ОКОНЕЧНОСТИ ВАСИЛЬЕВСКОГО ОСТРОВА.

The Swedish admiral Numers had not yet known about the downfall of Nienschanz and on the 5-th of May his squadron approached the Northern side of the Basil Island.

ВЕЧЕРОМ 6 МАЯ ПО ПРИКАЗУ НУМЕРСА ШНЯВА „АСТРИЛЬД" И БОТ „ГЕДАН" ВСТАЛИ НА ЯКОРЬ БЛИЗ УСТЬЯ БОЛЬШОЙ НЕВЫ.

In the evening of May 6 following the order of Numers snauw "Astrild" and boot "Gedan" dropped their anchors near the mouth of the Big Neva.

В НОЧЬ НА 7 МАЯ РУССКИЕ СОЛДАТЫ НА 30 ЛОДКАХ ВНЕЗАПНО НАПАЛИ НА ЭТИ КОРАБЛИ.

On the 7-th of May at night Russian soldiers on 30 boats suddenly attacked these ships.

ПЕТР I ВОЗГЛАВИЛ ЗАХВАТ „АСТРИЛЬДА", А ЕГО СПОДВИЖНИК АЛЕКСАНДР МЕНШИКОВ — „ГЕДАНА".

Peter I was at the head during "Astrild" capture while his associate Alexander Menshikov headed the troops capturing "Gedan".

8 МАЯ ЗАХВАЧЕННЫЕ КОРАБЛИ БЫЛИ ПРИВЕДЕНЫ К ШЛОТБУРГУ.
On the 8-th of May the captured ships were brought to Schlotburg.

КРЕПОСТЬ САЛЮТОМ ВСТРЕТИЛА ПОБЕДИТЕЛЕЙ И ПЕРВЫЕ МОРСКИЕ ТРОФЕИ РОССИИ НА БАЛТИКЕ.
The fortress met the conquerors and first sea trophies of Russia in the Baltic with salute.

В ПАМЯТЬ О ВЗЯТИИ ШВЕДСКИХ КОРАБЛЕЙ БЫЛА ВЫБИТА МЕДАЛЬ.

Memorable medal was chased to commemorate the victory over the Swedish ships.

„Шведы уходят! Ура!"

"Swedes are leaving! Hurrah!"

НЕ УСПЕВ ПОМОЧЬ НИЕНШАНЦУ И ПОТЕРЯВ ДВА КОРАБЛЯ, НУМЕРС ОТВЕЛ СВОЮ ЭСКАДРУ ОТ УСТЬЯ НЕВЫ.
Not been able to help Nienschanz and having lost two ships Numers led his squadron away from the Neva mouth.

НА ДРУГОЙ ДЕНЬ ПЕТР I СОЗВАЛ ВОЕННЫЙ СОВЕТ.
The next day Peter I summoned a military council.

...НА НЕМ И БЫЛО РЕШЕНО СТРОИТЬ НОВУЮ КРЕПОСТЬ НА ЗАЯЧЬЕМ ОСТРОВЕ.
...It was at this council that it was decided to build a new fortress on the Zayachy Island.

ЗВЕЗДА И ЗНАК ОРДЕНА АНДРЕЯ ПЕРВОЗВАННОГО.

The star and the sign of the order of Andrew the First Called.

УЧРЕЖДЕН В 1698 Г.
Instituted in 1698.

УТРОМ 10 МАЯ В ШЛОТБУРГЕ СОСТОЯЛОСЬ НАГРАЖДЕНИЕ УЧАСТНИКОВ ЗАХВАТА ШВЕДСКИХ КОРАБЛЕЙ.

In the morning of May 10 in Schlotburg the participants of the Swedish ships capture were awarded.

14 МАЯ ПЕТР ЕЩЕ РАЗ ОСМОТРЕЛ ЗАЯЧИЙ ОСТРОВ, ВЫБРАННЫЙ ИМ ДЛЯ СТРОИТЕЛЬСТВА КРЕПОСТИ.

On the 14-th of May Peter I inspected the Zayachy Island he had chosen to build a fortress on once again.

„Сие место действительно угодно для фортеции!"

"This is indeed a nice place for the fortress!"

„А здесь будет церковь во имя апостолов Петра и Павла!"

"And here the cathedral in the name of Apostles Peter and Paul will be built!"

В ТОТ ЖЕ ДЕНЬ ЕЕ ПЛАН БЫЛ ОБСУЖДЕН НА ВОЕННОМ СОВЕТЕ.
That very day the plan was discussed by the military council.

ПЛАН КРЕПОСТИ РАЗРАБОТАЛ САМ ПЕТР ПРИ УЧАСТИИ ФРАНЦУЗСКОГО ИНЖЕНЕРА ЖОЗЕФА ГАСПАРА ЛАМБЕРА.
The plan of the fortress was developed by Peter I himself with participation of a French engineer Joseph Gaspar Lambert.

ВЕСЬ СЛЕДУЮЩИЙ ДЕНЬ СОЛДАТЫ ОЧИЩАЛИ ЗАЯЧИЙ ОСТРОВ ОТ ЗАРОСЛЕЙ.
All the next day the troops were busy cutting the brake to clean the Zayachy Island.

1703 16 МАЯ

ДЕНЬ РОЖДЕНИЯ
САНКТ-ПЕТЕРБУРГА.

This is Saint-Petersburg birthday.

В ЭТОТ ДЕНЬ СОСТОЯЛАСЬ ТОРЖЕСТВЕННАЯ ЗАКЛАДКА НОВОЙ КРЕПОСТИ.
УТРОМ ПЕТР I СО СВИТОЙ ОТПЛЫЛ ОТ ШЛОТБУРГА К ЗАЯЧЬЕМУ ОСТРОВУ.

That day the fortress foundation ceremony was held.
In the morning Peter I and his retinue sailed from Schlotburg to the Zayachiy Island.

НА ОСТРОВЕ БЫЛ ОТСЛУЖЕН МОЛЕБЕН.

A public prayer was conducted on the island.

ЗАТЕМ ЦАРЬ ПЕРВЫМ ВЗЯЛСЯ ЗА ЗАСТУП.

Then the tsar was the first to take the spade.

В ОСНОВАНИЕ КРЕПОСТИ БЫЛИ ЗАЛОЖЕНЫ МОЩИ СВЯТОГО ПОКРОВИТЕЛЯ РОССИИ АПОСТОЛА АНДРЕЯ ПЕРВОЗВАННОГО.

The relics of Apostle Andrew the First Called, Patron Saint of Russia, were immured in the foundation of the fortress.

ПОД ГРОМ САЛЮТА СПОДВИЖНИКИ ПЕТРА ПОЗДРАВИЛИ ЕГО С ЗАКЛАДКОЙ КРЕПОСТИ.

Under the thunder of salute Peter's associates congratulated the tsar with the foundation of the new fortress.

ПОСЛЕ ЭТОГО ЦАРЬ РАЗМЕТИЛ МЕСТО ДЛЯ ВОРОТ.
After that the tsar marked the place for gates.

„Здесь быть воротам!"

"The gates are to be here!"

И НА ЭТИ „ВОРОТА", ПО ПРЕДАНИЮ, ОПУСТИЛСЯ ОРЕЛ.
And, due to the legend, an eagle sat down on these "gates".

ЭТО БЫЛО ВОСПРИНЯТО ВСЕМИ КАК ДОБРЫЙ ЗНАК.
The fact was interpreted by everybody as a good sign.

ОРЛА СНЯЛИ И ПОСАДИЛИ НА РУКУ ПЕТРА I.
The eagle was taken and put on the arm of Peter I.

ВСКОРЕ ЦАРЬ ПОКИНУЛ ОСТРОВ ПОД ГРОМ САЛЮТА.
Soon the tsar left the island under the thunder of the salute.

ВЕРНУВШИСЬ В ШЛОТБУРГ, ПЕТР I И УЧАСТНИКИ ТОРЖЕСТВА ДОЛГО ВЕСЕЛИЛИСЬ ЗА ПРАЗДНИЧНЫМ СТОЛОМ...
Having returned to Schlotburg Peter I and other participants of the ceremony spent a long time feasting and marry-making...

НА ЗАЯЧЬЕМ ОСТРОВЕ ЗАКИПЕЛА РАБОТА.
Soon the work was in full swing on the Zayachy Island.

ПЕРВЫМИ СТРОИТЕЛЯМИ КРЕПОСТИ СТАЛИ РУССКИЕ СОЛДАТЫ, МЕСТНЫЕ ЖИТЕЛИ И ПЛЕННЫЕ ШВЕДЫ.
The first builders of the fortress were Russian soldiers, local inhabitants and Swedish prisoners of war.

РАБОТАЛ НА СТРОИТЕЛЬСТВЕ И САМ ЦАРЬ.

The tsar himseif worked on the construction site.

БЕРЕГА ЗАЯЧЬЕГО ОСТРОВА БЫЛИ УКРЕПЛЕНЫ ДЕРЕВЯННЫМИ СРУБАМИ, ЗАПОЛНЕННЫМИ ЗЕМЛЕЙ.

The banks of Zayachy Island were braced with wooden frames filled with earth.

НА ЭТОМ ОСНОВАНИИ ВОЗВОДИЛИСЬ ЗЕМЛЯНЫЕ БАСТИОНЫ И СТЕНЫ КРЕПОСТИ.

This basis was used to construct earth bastions and walls of the fortress.

НАПЛАВНОЙ МОСТ СОЕДИНИЛ СТРОЯЩУЮСЯ КРЕПОСТЬ С БЕРЕЗОВЫМ (НЫНЕ – ПЕТРОГРАДСКИМ) ОСТРОВОМ.

A floating bridge connected the fortress under construction with Berezovy (Birch) Island (now it is Petrograd Island).

ОДНОВРЕМЕННО С КРЕПОСТЬЮ НА ЮЖНОМ БЕРЕГУ ЭТОГО ОСТРОВА НАЧАЛОСЬ СТРОИТЕЛЬСТВО ПЕРВЫХ ЗДАНИЙ НОВОГО ГОРОДА.

The construction of the first buildings of the new town began in the Southern part of the island simultaneously with the fortress.

ЗА ТРИ ДНЯ НА БЕРЕГУ НЕВЫ СОЛДАТЫ СРУБИЛИ ДОМИК ДЛЯ ЦАРЯ.

It took the soldiers three days to build a wooden house for the tsar.

26 МАЯ ДОМИК ДЛЯ ПЕТРА I БЫЛ ГОТОВ.
On the 26-th of May the house was ready for Peter I.

НЕПОДАЛЕКУ ОТ НЕГО СТРОИЛИСЬ И ПРИЧАЛЫ БУДУЩЕГО ПОРТА.

Not far from it the piers of the future port were being built.

РУКОВОДИЛ ВСЕМИ СТРОИТЕЛЬНЫМИ РАБОТАМИ АЛЕКСАНДР ДАНИЛОВИЧ МЕНШИКОВ – ГЕНЕРАЛ-ГУБЕРНАТОР ОСВОБОЖДЕННЫХ РОССИЙСКИХ ЗЕМЕЛЬ.

Alexander Menshikov, Governer General of the newly recaptured Russian lands, was in charge of the construction work.

КРЕПОСТЬ БЫСТРО РОСЛА. 22 ИЮНЯ ЛАГЕРЬ РУССКИХ ВОЙСК БЫЛ
ПЕРЕНЕСЕН ИЗ ШЛОТБУРГА К НОВОЙ КРЕПОСТИ.

The fortress grew fast. On the 22-nd of June the Russian troops camp was transferred
from Schlotburg to the new fortress.

ПЕТР I, ОПАСАЯСЬ ЗАХВАТА ШЛОТБУРГА ШВЕДАМИ, ПРИКАЗАЛ ЕГО СРЫТЬ.
СТРОИТЕЛЬНЫЕ МАТЕРИАЛЫ ИЗ ЭТОЙ КРЕПОСТИ ИСПОЛЬЗОВАЛИСЬ НА
ЗАЯЧЬЕМ ОСТРОВЕ.

Fearing lest Swedes recapture Schlotburg Peter I ordered to level it to the ground.
Building materials from this fortress were used on the Zayachy Island.

29 ИЮНЯ В ДЕНЬ СВЯТЫХ АПОСТОЛОВ ПЕТРА И ПАВЛА ТОРЖЕСТВЕННО ОТПРАЗДНОВАЛИ ИМЕНИНЫ ЦАРЯ.

On the 29-th of June, Day of Apostles Peter and Paul, the tsar's name-day was solemnly celebrated.

В ЦЕНТРЕ КРЕПОСТИ БЫЛА ЗАЛОЖЕНА ЦЕРКОВЬ ВО ИМЯ ЭТИХ СВЯТЫХ.

In the center of the fortress the cathedral was laid in the name of these saints.

ПОСЛЕ ТЯЖЕЛЫХ ТРУДОВ ВСЕ СТРОИТЕЛИ СОБРАЛИСЬ ЗА ПРАЗДНИЧНЫМ СТОЛОМ. В ЭТОТ ДЕНЬ КРЕПОСТЬ ПОЛУЧИЛА НАЗВАНИЕ САНКТ-ПЕТЕРБУРГ.

After hard work all the builders met at the festive table. That day the fortress was named Saint-Petersburg.

СТРОИТЕЛЬСТВО КРЕПОСТИ И ГОРОДА ТРЕБОВАЛО ВСЕ БОЛЬШЕ РАБОЧИХ РУК...

More and more workers were required to build the fortress and the town...

УЖЕ В ИЮЛЕ К ПЕРВЫМ СТРОИТЕЛЯМ ПРИСОЕДИНИЛИСЬ РАБОТНЫЕ ЛЮДИ, СОГНАННЫЕ ИЗ ГОРОДОВ СЕВЕРО-ЗАПАДА РОССИИ.

It was in June that the first workers were joined with workmen driven from North-Western towns of Russia.

НА ЛЕВОМ БЕРЕГУ БОЛЬШОЙ НЕВКИ ВЫРОС „ПЕТЕРБУРГ" РАБОТНЫХ ЛЮДЕЙ.

On the left side of the Big Nevka a Petersburgh of workmen has arisen.

КРЕПОСТЬ САН

БАСТИОН ГОЛОВКИНА

Golovkin Bastion

БАСТИОН ЗОТОВА

Zotov Bastion

ТРУБЕЦКОЙ БАСТИОН

Trubetskoy Bastion

БАСТИО

ТОГДА ЖЕ БАСТИОНЫ КРЕПОСТИ
ПОЛУЧИЛИ ИМЕНА ТЕХ, КТО
РУКОВОДИЛ ИХ ВОЗВЕДЕНИЕМ.

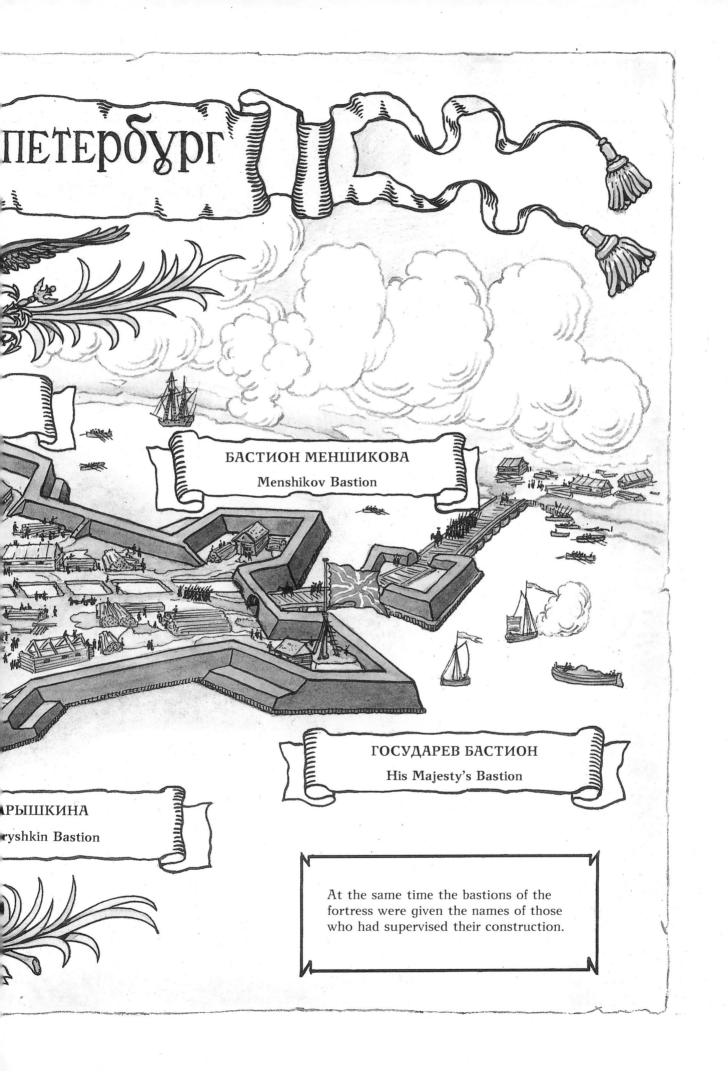

ПЕТЕРБУРГ

БАСТИОН МЕНШИКОВА

Menshikov Bastion

ГОСУДАРЕВ БАСТИОН

His Majesty's Bastion

...РЫШКИНА

...ryshkin Bastion

At the same time the bastions of the fortress were given the names of those who had supervised their construction.

ВСКОРЕ РОССИЯ И ЕВРОПА УЗНАЛИ О ВОЗНИКНОВЕНИИ САНКТ-ПЕТЕРБУРГА.
Soon Russia and Europe learnt about the emergence of Saint-Petersburg.

ПАРИЖ

МОСКВА

„ЕГО ЦАРСКОЕ ВЕЛИЧЕСТВО,
ПО ВЗЯТИИ ШЛОТБУРГА
В ОДНОЙ МИЛЕ ОТ ТУДЫ
БЛИЖЕ К ВОСТОЧНОМУ МОРЮ,
НА ОСТРОВЕ НОВУЮ И ЗЕЛО
УГОДНУЮ КРЕПОСТЬ
ПОСТРОИТЬ ВЕЛЕЛ, В НЕЙ ЖЕ
ЕСТЬ ШЕСТЬ БАСТИОНОВ,...
И ТОЕ КРЕПОСТИ НА СВОЕ
ГОСУДАРСКОЕ ИМЯНОВАНИЕ,
ПРОЗВАНИЕМ ПИТЕРБУРГОМ,
ОБНОВИТЕ УКАЗАЛ...“

СТОКГОЛЬМ

ВАРШАВА

“HIS ROYAL MAJESTY
ON CAPTURING SCHLOTBURG
GAVE THE ORDER TO BUILD
A NEW STRONG FORTRESS
ON THE ISLAND LYING ONE MILE
OFF IN THE DIRECTION OF
THE EASTERN SEA, AND NOW
IT HAS ALREADY SIX BASTIONS,...
AND HIS MAJESTY HAS
DECREETED TO NAME THE
FORTRESS PETERSBURG
FOLLOWING HIS NAME...”

ДРЕЗДЕН

ЛОНДОН

С ЭТОГО ВРЕМЕНИ СООБЩЕНИЯ О СОБЫТИЯХ В САНКТ-ПЕТЕРБУРГЕ СТАЛИ ПОЯВЛЯТЬСЯ
НА СТРАНИЦАХ ПЕРВОЙ РОССИЙСКОЙ ГАЗЕТЫ „ВЕДОМОСТИ“ И ИНОСТРАННЫХ ГАЗЕТ.
From that time on reports about the events in Saint-Petersburg began to appear on the pages of the
first Russian newspaper "Vedomosty" and in the foreign press.

СРАЖАЯСЬ ПРОТИВ СОЮЗНИКОВ ПЕТРА I В ПОЛЬШЕ, КАРЛ XII НЕ БЕСПОКОИЛСЯ О ПОТЕРЕ ИНГЕРМАНЛАНДИИ.

Charles XII, who was busy fighting Peter's allies in Poland, was not alarmed by the loss of Ingermanlandia.

„Ваше Величество! Царь Петр основал новый город на берегах Невы!"

"Your Majesty! Tsar Peter has founded a new town on the banks of the Neva river!"

„Пусть царь трудится над закладкой новых городов! Честь их взятия мы оставим шведской короне!"

"Let the tsar busy himself by foundation of new towns! The honour of capturing them we'll rescue to the Swedish crown!"

ОН БЫЛ УВЕРЕН, ЧТО ШВЕДСКИЙ ГЕНЕРАЛ КРОНИОРТ РАЗГРОМИТ ВСКОРЕ РУССКИЕ ВОЙСКА.

He was sure that the Swedish general Kroniort would soon defeat the Russian troops.

„Русские взяли крепости Ям и Копорье!"

"The Russians have captured the fortresses of Yam and Koporie!"

„Что же медлит Крониорт?!"

"Why is Kroniort dawdling?!"

А ТОТ УЖЕ СТОЯЛ В ОДНОМ ПЕРЕХОДЕ ОТ САНКТ-ПЕТЕРБУРГА НА РЕКЕ СЕСТРЕ.

Meanwhile the general was already on the Sestra (Sister) river one day march from Saint-Petersburg.

7 ИЮЛЯ ПЕТР I С ШЕСТЬЮ ПОЛКАМИ ВЫСТУПИЛ НАВСТРЕЧУ ШВЕДАМ.
On the 7-th of July Peter I led six regiments to counter the Swedes.

УТРОМ 8 ИЮЛЯ РУССКИЕ ВОЙСКА ПОДОШЛИ К УКРЕПЛЕННОЙ ПОЗИЦИИ ШВЕДОВ.
On July 8 in the morning the Russian troops approached Swedish fortified positions.

СТРЕМИТЕЛЬНОЙ АТАКОЙ РУССКАЯ КОННИЦА СБИЛА ШВЕДОВ С ЗАНЯТОЙ ПОЗИЦИИ. НАЧАЛОСЬ ИХ ПОСПЕШНОЕ ОТСТУПЛЕНИЕ.

The swift attack of the Russian cavalery swept the Swedes from their positions. The Swedes began to retreat hastily.

„За Нарву им поддайте, братцы!"

"Give them a good hiding for Narva, guys!"

ВСКОРЕ ОНО ПРЕВРАТИЛОСЬ В БЕСПОРЯДОЧНОЕ БЕГСТВО.

Soon the retreat turned to the real headlong flight.

ПОБЕДА РУССКИХ БЫЛА ПОЛНОЙ.
The Russian's victory was absolute.

ОНА НА ВРЕМЯ УСТРАНИЛА ОПАСНОСТЬ НАПАДЕНИЯ ШВЕДОВ НА ПЕТЕРБУРГ С СУШИ.
This victory rimoved, at least temporary, the threat of land attack on Petersburg.

ОДНАКО СОХРАНЯЛАСЬ УГРОЗА С МОРЯ.
ШВЕДСКАЯ ЭСКАДРА ПРОДОЛЖАЛА КРЕЙСИРОВАТЬ В ФИНСКОМ ЗАЛИВЕ.

The threat of a naval attack still remained real.
The Swedish squadron continued to cruise in the Gulf of Finland.

КОГДА В АВГУСТЕ В ЗАЛИВЕ ПОЯВИЛОСЬ 12 ГОЛЛАНДСКИХ СУДОВ, ШВЕДЫ НЕ ПРОПУСТИЛИ ИХ В НЕВУ.

When 12 Dutch ships arrived to the Gulf the Swedes did not allow them to enter the Neva.

ПЕРВАЯ ПОПЫТКА ЗАВЕСТИ ТОРГ В ПЕТЕРБУРГЕ ОКАЗАЛАСЬ НЕУДАЧНОЙ.

The first attempt to start the trade in Saint-Petersburg turned to be a failure.

ХОЛОДНОЕ ВЕТРЕНОЕ ЛЕТО 1703 ГОДА ЗАВЕРШИЛОСЬ ПЕРВЫМ В ИСТОРИИ НОВОГО ГОРОДА НАВОДНЕНИЕМ.

The cold summer of 1703 ended by the flood which was the first flood in the history of the city.

В НОЧЬ НА 19 АВГУСТА НЕВА ЗАТОПИЛА ЛАГЕРЬ РУССКИХ ВОЙСК НА БЕРЕЗОВОМ ОСТРОВЕ.

In the early morning hours of the 19-th of August the Neva flooded the Russian camp on Beriezovy Island.

ПОДНЯВШАЯСЯ ВОДА РАЗНЕСЛА ЧАСТЬ СТРОИТЕЛЬНЫХ МАТЕРИАЛОВ.

The rising water carried away some of the building materials.

НО НИ СТИХИЯ, НИ ПРОТИВОДЕЙСТВИЕ ШВЕДОВ НЕ СМОГЛИ ОСТАНОВИТЬ СТРОИТЕЛЬСТВО НА НЕВЕ.

Yet neither the element, nor the Swedes opposition were able to stop the construction on the banks of the Neva.

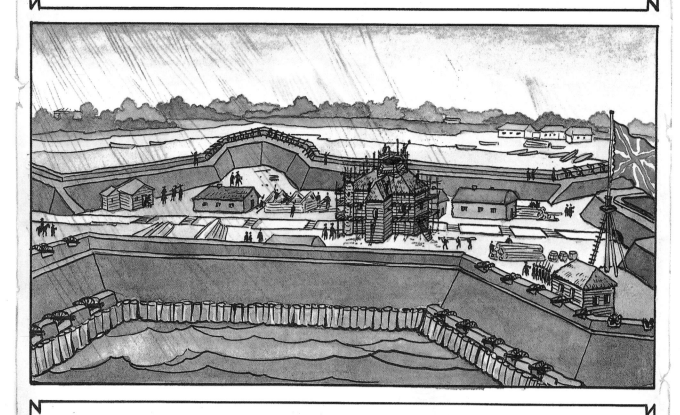

В СЕРЕДИНЕ СЕНТЯБРЯ БЫЛИ ЗАКОНЧЕНЫ ОСНОВНЫЕ РАБОТЫ ПО СООРУЖЕНИЮ КРЕПОСТИ.

In the middle of September all the major building work in the fortress was completed.

НА ЕЕ БАСТИОНАХ БЫЛО УСТАНОВЛЕНО БОЛЕЕ 300 ПУШЕК.

More than three hundred cannons were installed on its bastions.

5 ОКТЯБРЯ В ПЕТЕРБУРГ ПРИШЕЛ ПЕРВЫЙ РОССИЙСКИЙ ВОЕННЫЙ КОРАБЛЬ НА БАЛТИКЕ „ШТАНДАРТ“.
On the 5-th of October Russia's first Baltic ship „Standard“ sailed to Saint-Petersburg.

ЕГО ПРИВЕЛ САМ ПЕТР I.
Peter I hiself was its captain.

„Нужна морская фортеция, Государь!“

"What we need is a sea fortress, Sire!"

„Надо закрыть шведам проход к устью Невы!“

"We must block the entrance to the Neva mouth for Swedes!"

ПОСЛЕ УХОДА ЭСКАДРЫ НУМЕРСА НА ЗИМОВКУ В ВЫБОРГ, ЦАРЬ ВЫШЕЛ НА ЯХТЕ НА ВЗМОРЬЕ.

After Numers squadron had gone to Vyborg for winter, the tsar sailed on his yacht into the coastal waters.

ПЕТР I ПРОМЕРИЛ ФАРВАТЕР И ВЫБРАЛ МЕСТО ДЛЯ СТРОИТЕЛЬСТВА МОРСКОГО ФОРТА У ОСТРОВА КОТЛИН.

Peter I sounded the fairways and chose the place for the building of a sea fort near the Island of Kotlin.

„Здесь на отмели будем ставить форт!"

"Here, on this sand-bank a fort should be built!"

ВПЕРВЫЕ НАД ВОДАМИ БАЛТИКИ ПЕТР I РАСПУСТИЛ СВОЙ ШТАНДАРТ. НАЧАЛОСЬ ПРЕВРАЩЕНИЕ РОССИИ В ВЕЛИКУЮ МОРСКУЮ ДЕРЖАВУ.

For the first time Peter's standard was flying over the Baltic waters.
The conversion of Russia into a great sea power was begun.

МОСКВА ТОРЖЕСТВЕННО ВСТРЕТИЛА ПОБЕДИТЕЛЕЙ.
Moscow solemnly welcomed the conquerers.

ВО ВРЕМЯ ТРИУМФАЛЬНОГО ШЕСТВИЯ ПЕТР I ВЕЛЕЛ ПОДОЗВАТЬ ШВЕДСКОГО ПОСЛА КНИППЕР КРОНА...
During the triumphant march Peter I summoned the Swedish ambassador Knipper Kron...

В НАЧАЛЕ НОЯБРЯ В ПЕТЕРБУРГЕ БРОСИЛ ЯКОРЬ ПЕРВЫЙ ИНОСТРАННЫЙ ТОРГОВЫЙ КОРАБЛЬ.

At the beginning of November the first foreign merchant ship cast its anchor in Petersburg.

ГОЛЛАНДСКИЙ ШКИПЕР ПОЛУЧИЛ ОТ МЕНШИКОВА НАГРАДУ, НАЗНАЧЕННУЮ ПЕТРОМ I – 500 ЗОЛОТЫХ.

The Holland skipper received from Menshikov the award of 500 coins in gold promised by Peter I.

„ОКНО" В ЕВРОПУ БЫЛО „ПРОРУБЛЕНО". НО ДО МИРА НА БЕРЕГАХ НЕВЫ БЫЛО ЕЩЕ ДАЛЕКО...

The „window" on Europe was „opened". But it was still far for the peace on the Neva banks...